Editora responsável
Rejane Dias

Edição geral
Sonia Junqueira

Projeto gráfico
Isabela Catarina

Revisão
Cecília Martins

Dados Internacionais de Catalogação na Publicação (CIP)
(Câmara Brasileira do Livro, SP, Brasil)

Rosa, Sonia
O menino de olhar apertadinho que enxergava longe -- / Sonia Rosa ; ilustração Cláudia Jussan.-- Belo Horizonte, MG : Autêntica Editora, 2024.

ISBN 978-85-7526-550-5

1. Literatura infantojuvenil I. Jussan, Cláudia. II. Título.

11-06904 CDD-028.5

Índices para catálogo sistemático:
1. Literatura infantil 028.5
2. Literatura infantojuvenil 028.5

GRUPO AUTÊNTICA

Belo Horizonte
Rua Carlos Turner, 420
Silveira . 31140-520
Belo Horizonte . MG
Tel.: (55 31) 3465-4500

São Paulo
Av. Paulista, 2.073 . Conjunto Nacional
Horsa I . Sala 309 . Bela Vista
01311-940 . São Paulo . SP
Tel.: (55 11) 3034 4468

www.grupoautentica.com.br
SAC: atendimentoleitor@grupoautentica.com.br

FSC www.fsc.org MISTO Papel | Apoiando o manejo florestal responsável FSC® C092828

2023 CARBON NEUTRAL SAVE cerrado

Sonia Rosa

O MENINO DE OLHAR APERTADINHO QUE ENXERGAVA LONGE...

Cláudia Jussan
ilustração

autêntica

Para Maneco, meu marido, com amor.

Hoje, pela manhã, um passarinho faceiro pousou na minha janela. Ficou parado um tempão, com o olhar distante.

Fiquei admirando sua beleza e o jeito elegante de pousar sem fazer barulho.

Quando o passarinho bateu asas e foi embora, meus pensamentos voaram junto, e as lembranças pousaram no rosto de um menino chamado Murilo, que foi meu vizinho há muito, muito tempo...

Parecia um indiozinho. Era bem moreno, os cabelos lisos caindo na testa, magro, pernas finas.

E tinha um olhar apertadinho, desses que a gente precisa espiar de mansinho pra saber que cor têm os olhos.

Parece que o vejo agora, correndo com os cabelos ao vento e carregando no peito o grande sonho: crescer! Crescer logo, ser gente grande!

Esse sonho o acompanhava o tempo todo e por todos os lugares...

Vivíamos num lugar com pouca luz elétrica. As lamparinas de querosene dentro das casas iluminavam as vidas. O mundo entrava pelo rádio de pilha. Quem não tinha rádio desejava ter. Televisão ainda não existia pra muita gente. As crianças não conseguiam nem imaginar como seria a "tal coisa" que alguns adultos teimavam em afirmar que já tinham visto.

Mosquitos faziam parte do cenário e não davam trégua. Quando entardecia, chegavam os enxames. As mães corriam pra fechar as janelas.

Na hora de dormir, todas as casas acendiam um incenso chamado "Durma bem", que tinha um cheiro muito forte. Mas ninguém ligava. Não tinha mosquito que sobrevivesse ao "Durma bem". O cheiro dele permanece grudado no meu nariz até hoje...

Hoje é meu aniversário, e estou feliz. Meus netos estão aqui comigo. E, de tanto eu falar no menino meu vizinho (que já deve ser um senhor de cabelos brancos, pois o tempo passa pra todo mundo...), agora querem ouvir as aventuras dele.

Até minha filha ficou interessada e se esparramou no sofá pra também ouvir as histórias do Murilo.

O filme na minha cabeça recomeça, devagarinho, nas asas da memória. Lá atrás, há muito tempo, vejo a história do Murilo e um pouquinho da minha também...

Naquele antigamente, as pessoas tinham mais tempo pra ficar na janela vendo a vida passar. Eu era bem mocinha e adorava ficar na janela. Todos os meus vizinhos gostavam também.

Longe da minha casa, tinha um campo de terra batida que dava para eu avistar da janela. Era lá que aconteciam as brincadeiras. As crianças das redondezas, quando não estavam jogando bola, estavam correndo pra lá e pra cá. Era ali que diferentes tempos aconteciam...

Tinha um tempo só de pipa. Elas subiam e desciam, rodopiavam, dançavam, colorindo aquele pedaço do céu.

– Cortei! Peguei! – eram as palavras mais ouvidas nesses dias.

Os meninos olhavam pro céu o tempo todo, pra ver se avistavam alguma “pipa voada”.

Tinha um tempo só de bola de gude. Triângulo, búlica e mata-mata. Muitos colecionavam as bolinhas. Num mesmo jogo, perdiam e ganhavam. Alguns meninos se desentendiam, depois se entendiam pra, logo depois, voltarem a se desentender... Era sempre assim, a cada jogo.

E tinha um tempo só de pião.

– Zum! Zum!

Cada dia se inventava um jeito novo de jogar o pião no chão de terra batida.

Quando fazia muito calor e as noites eram de lua cheia, a criançada passarinhava. Riam, gritavam, corriam, e a brincadeira era pega-pega, pique-esconde, pique-bandeira, queimada...

Como era bom! O suor gelado escorria pela testa das crianças, que saíam, sorridentes, pra beber água em casa e voltar rápido pra brincadeira.

Murilo viveu intensamente todos esses tempos. Mas, pra ele, a infância era longa e lenta.

– Lenta demais! – reclamava.

De vez em quando, resmungava, pra quem quisesse ouvir, que seu sonho de ser grande estava demorando muito a chegar e que já estava cansado de tanto esperar.

– Mãe, quando vou ficar grande?

– Vai chegar sua hora, meu filho! Tenha paciência...

O menino gostava muito de se gabar por qualquer coisa. Dizia, por exemplo, que sabia o nome de todos os passarinhos e que era amigo de cada um deles.

Certo dia, quando fui visitar sua irmã, ele apareceu com um passarinho no ombro! Todo azul, com o bico vermelho: era seu grande amigo, dizia Murilo. E aquele era o primeiro passeio dos dois.

Parecia mesmo que o passarinho e o menino se entendiam muito bem. Conversavam, animados, uma conversa só deles. O menino sorria, e o passarinho parecia que sorria também...

Nesse dia, não aguentei e perguntei se ele estava mesmo conversando com o bicho.

– Claro! – respondeu, com aquele sorrisão.

Fiquei triste durante uma semana porque não sabia entender língua de passarinho.

Antigamente, as famílias eram numerosas. Havia famílias com oito, dez filhos, às vezes mais. Eu mesma sou a caçula de seis irmãos.

Murilo vivia numa casa cheia de gente. Era o mais novo, o menor. Os outros eram jovens como eu.

A irmã mais velha era a minha melhor amiga. Na semana do casamento dela, Murilo ganhou sua primeira roupa nova. Novinha, da loja. Só pra ele! Era uma camisa de tergal azul com botões de madrepérola. Presente do noivo.

Foi tanta a sua alegria que o menino não conseguiu esperar a festa pra estrear a camisa. E depois do casamento não a tirou mais do corpo. Só parou de usá-la quando ela mesma, a camisa de botões de madrepérola, se cansou dele: um dia, todos os botões se soltaram de uma vez só e caíram no chão, assim, como um protesto!

De vez em quando, a meninada parava de brincar e ficava batendo papo, jogando conversa fora, falando umas besteirinhas.

Acontecia, às vezes, de os mais novos ficarem espiando os mais velhos trocando segredos. Os pequenos, chamados de “pirralhos”, tentavam ouvir as conversas. Os mais velhos percebiam e iam mudando a prosa, confundindo os assuntos. Mas os pequenos eram danadinhos: iam juntando uns pedacinhos aqui, outros ali... e acabavam descobrindo muitas coisas! Depois se cansavam e iam inventar suas próprias prosas. Nessas horas, até histórias de assombrações eram contadas. E eram de arrepiar os cabelos!

Já naquele tempo, todo mundo sabia que histórias de assombrações, ouvidas de noite e na roça, deixam qualquer vivente com um medo danado.

À noite, na escuridão da casa, deitado sozinho em sua esteira, Murilo suava de medo. Ouvia barulhos estranhos vindo de dentro e de fora da casa. E tremia! Então se cobria pra tentar acalmar a tremedeira. Mas... quem disse que medo dorme?!

O resultado dessas noites era que os lençóis acordavam ensopados...

Por essas e por outras é que a vontade de crescer logo aumentava a cada dia no menino.

Certa vez, os garotos da redondeza começaram a vender picolés.

De manhã cedinho, chegavam acanhados e orgulhosos à sorveteria. Traziam caixas de isopor coloridas que pareciam maiores do que eles. Abasteciam as caixas e saíam pra todos os lados, com a missão de oferecer os picolés coloridos – de uva, de maracujá, de coco, milho-verde, limão... – nas redondezas.

Murilo corria, com suas perninhas finas, todas as ruas do nosso lugarejo. Subia morros e escadas de barro, descia ladeiras, atravessava riachos... Ia, alegre, dividir sua meninice.

Certa vez, num dia de calor forte, o menino, apesar de ter andado a manhã toda pra lá e pra cá, ficou com a caixa de isopor verde-clara cheiinha até a boca. A tarde já começava, e nenhum picolé havia sido vendido. Foi quando sua barriga danou a roncar... A fome e o suor lhe escorriam pelo rosto. Estava muito cansado. Exausto!

Uma pedra simpática no meio do caminho o convidou a sentar. Foi o que fez, todo esparramado – e uma grande ideia brotou naquela cabeça de moleque. Ali mesmo, pés descalços, peito ao vento, o menino abriu a caixa de isopor verde-clara e, um a um, chupou todos os picolés! Não ficou um pra contar história...

Feliz da vida, Murilo chegou em casa: barriga estufada, cara lambuzada, língua de arco-íris e um sorrisão nos lábios. Nem a surra que levou da mãe apagou essa alegria!

Um dia, percebi que o menino estava meio triste. Andava cabisbaixo, passos lentos, se enfurnava pelos cantos, olhava pro nada, pensativo...

Sintomas claros: Murilo estava apaixonado.

A menina que iluminava seu coração, Lena, era vizinha nossa. Tinha cabelos encaracolados, olhos brilhantes e sardas no rosto. Murilo roubou flores pra ela. Rabiscou poemas. Escreveu “Lena” no chão de terra batida inúmeras vezes. E até passou a tomar banho e pentear os cabelos todos os dias, sem reclamar. Mas nada adiantou: o amor não foi correspondido. E amor não correspondido é muito triste...

LENA

Numa tarde sem sol, Lena teve a coragem de dizer na cara dele, com todas as letras:

– VOCÊ É UM BOCÓ, E NUNCA VOU GOSTAR DE VOCÊ!

Falou isso aos berros e na frente dos outros meninos.

Mas o que doeu mesmo em Murilo não foi ela não gostar dele: foi ela ter escolhido doar sorrisos e formosuras pra um outro menino da rua. Murilo sabia que era muito melhor do que aquele "namoradinho" dela. Mas quem consegue entender coração de menina?

"Isso não vai ficar assim!", Murilo prometeu a si mesmo.

Algum tempo depois, Lena estava com suas amigas assistindo à decisão do Campeonato de Futebol Masculino local, naquele campo que dava pra ver da minha janela.

O “namoradinho” da Lena era do time adversário do de Murilo e jogava mal, muito mal.

– Feioso! Perna de pau! – gritava a torcida pra ele.

Murilo, por sua vez, estava num ótimo dia. Foi um verdadeiro craque naquele campo de terra batida. Aplaudido e respeitado por todos! Depois desse jogo, alguns até andaram dizendo que ele seria jogador de futebol quando crescesse, ficaria rico e famoso. Mas Murilo só queria continuar jogando futebol no campinho, voltar pra casa mancando e crescer, virar gente grande logo!

Naquele dia, o menino estava com tudo! Não se sabe se foi por causa da presença feminina na plateia: o certo é que driblou até o goleiro. Com aquelas perninhas finas, fez três gols. No final, sucesso geral: seu time ganhou de goleada!

A menina de cabelos encaracolados, olhos brilhantes e sardas veio ao seu encontro sorrindo, dengosa, talvez pra um abraço (aquele abraço que ele tanto sonhara...). Murilo se afastou e fingiu que não a viu.

Lena ficou toda sem jeito. Murilo, feliz! Estava vingado e curado da paixão.

O sorriso solto voltou ao seu rosto, e ele tocou a vida.

Na minha rua todo mundo tinha bicicleta. Era o nosso meio de transporte.

As crianças passavam o dia inteiro andando pra lá e pra cá.

Murilo ia e voltava da escola com a garupa cheia de novidades. Dizia pra todo mundo que queria ser veterinário. Só não entendia por que teria de estudar a vida dos bichos dentro das paredes de uma escola, se ali, na convivência com eles, no dia a dia, aprendia muito mais.

As professoras adoravam o menino, porque sempre tinha uma boa resposta na ponta da língua.

Quando cresceu mais um bocadinho, Murilo percebeu que a escola, às vezes, parecia uma prisão. Não podia isso. Não podia aquilo. Tinha de ser assim. Tinha de ser assado. E tome regra e castigo, castigo e regra.

Um dia, começou a se sentir como um passarinho preso na gaiola. E então, durante algum tempo, ficou rebelde, marrento, brigão. Ganhou vários apelidos dos colegas: Trovoada, Mané Encrenca, Tempo Fechado.

A mãe foi chamada à escola e, em casa, conversou seriamente com o filho.

Depois dessa conversa, Murilo virou um anjo no colégio.

Gosto esquisito tinha aquele menino! Adorava comer tijolo molhado! Isso mesmo, tijolo molhado! E comia com gosto!

Quando chovia era o começo da festa pra ele. Dizia que não havia nada mais saboroso do que "um tijolo regado a pingos de chuva" no lanche da tarde. O cheiro era agradável. Cheiro de terra úmida, molhada de orvalho no raiar do dia...

– Nunca provei "um tijolinho molhado"...

– Você não sabe o que está perdendo – dizia Murilo, com aquele olhar apertadinho.

Toda vez que chove e a terra se encharca, saboreio com minhas lembranças esse gosto de ontem e fico lembrando do tijolinho molhado do meu inesquecível vizinho.

Depois de tanto esperar, o sonho do Murilo finalmente se realizou.

Vi da minha janela o dia em que o menino deixou de ser criança. Foi, como num estalo, de um dia pro outro.

Ele tinha acabado de fazer quatorze anos. Suas pernas continuavam finas, porém eram mais longas. Sob o nariz, um "projeto" de bigode. E aquele sorriso maroto ainda enfeitava seu rosto.

Naquele dia morno e nublado, eu o vi da minha janela. Estava com a mãe diante da casa onde moravam.

Eram sete horas da manhã. Murilo vestia uma calça de brim azul, a primeira calça comprida de sua vida. Tinha um olhar de espanto e uma marmita na garupa da bicicleta. Ouvi sua mãe falar da porta, muito emocionada:

– Vá com Deus, meu filho! Tenha um bom dia de trabalho!

Era o seu primeiro dia de trabalho na fábrica. Estava cumprindo o destino de toda a família: seus irmãos e irmãs trabalhavam ou já tinham trabalhado lá.

A bicicleta, companheira de tantas aventuras, agora iria trabalhar com ele, todos os dias. Iria à escola somente à noite.

Um novo mundo se abria para o menino Murilo. Os banhos de rio, os piques e as conversas com passarinhos ficariam agora para os finais de semana ou os feriados. Mas a alegria continuaria morando em seu rosto – em casa, na rua, no trabalho e em qualquer outro lugar.

Era o começo de uma nova história. Crescimento. Dinheiro pra ajudar em casa. Outros amigos. Responsabilidades. Conversas com adultos. Perder alguns medos, ganhar outros. Criar segredos. Começar e terminar namoros. Sonhar novos sonhos. Esperar a hora de ir para o Exército. Desejar e ganhar o futuro...

De repente, começou a cair uma chuva miúda sobre a terra, como se estivesse temperando aquele momento em que o passado, o presente e o futuro do menino se encontravam...

Foi nesse momento que, da minha janela, tive a certeza de que Murilo deixou de ser menino e cresceu, como sempre tinha sonhado.

A autora

Nasci e moro na cidade do Rio de Janeiro. Sou professora e gosto muito de crianças. Procuro sempre ficar perto delas pra puxar conversa e saber o que pensam sobre a vida, as pessoas, os fatos, a natureza, as coisas. Essas conversas renovam minhas ideias, me fazem repensar o mundo e me ajudam a criar histórias.

Nunca imaginei que me tornaria escritora. Digo que esse foi um presente que a vida me deu. Foi mesmo. Não havia livros na minha casa. A vida era difícil, mas tive muita sorte. Na escola em que estudava havia uma biblioteca cheia de livros. Uma grande maravilha! Logo fiquei amiga dos livros e íntima das palavras. Isso fez uma enorme diferença na minha vida. Criei um diário. Escrevia todos os dias. Quando estava triste ou quando estava alegre. Assunto era o que não faltava. Um dia, de repente, meus sentimentos foram se revelando no papel em forma de poesia... Foi o começo do começo. Mas até aí não me imaginava escritora.

Quando me tornei professora, adorava contar histórias pros meus alunos. Um dia, resolvi inventar histórias especialmente pra eles. Foi nesse momento que nasceu o desejo de ser escritora. Levei anos pra publicar o meu primeiro livro e realizar esse sonho. Depois que isso aconteceu, um mundo novo se abriu pra mim. E nunca parei de ler livros de literatura, porque sei que esse tipo de leitura alimenta as ideias da gente. E as ideias são fundamentais pra criar histórias.

Escrevi *O menino de olhar apertadinho que enxergava longe...* pra homenagear meu marido. Ele foi um menino criado numa casa grande, com quintal enorme, rodeada de passarinhos fora das gaiolas. Sua infância foi feliz, entre muitos irmãos, muitas árvores, crianças vizinhas e liberdade pra brincar, brincar, brincar até cansar...

Assim como um passarinho, minha imaginação pediu licença poética e voou pra espiar um pouco da infância desse sempre menino de olhar apertadinho e contar pra todo mundo algumas das suas travessuras, misturando um pouquinho de verdade com um pouquinho de invenção, é claro.

Este livro, vou confessar, é uma declaração de amor pro meu marido. E isso não é invenção.

A ilustradora

Sou mineira de Belo Horizonte. Desenhar sempre foi minha brincadeira preferida. Para transformar meu prazer em profissão, estudei: fiz bacharelado em Desenho e mestrado em Artes Visuais na Universidade Federal de Minas Gerais (UFMG).

Neste livro, peço licença à autora e tomo para mim suas lembranças, pois partilho de memória semelhante: um dos meus irmãos se encaixa na descrição do personagem; também um colega de classe da época do colégio se parece com ele... Ambos de olhos apertadinhos, cabelos lisos, pés descalços e sorrisos largos.

Murilo pode representar vários meninos de vontades parecidas, pois ele é a memória de coisas boas: pipa, picolé, bolinha de gude, chão de terra batida e correrias ao ar livre. É também a lembrança e a superação dos desatinos de quem cresce: paixão não correspondida, desavenças no ambiente escolar, sentimentos que parecem nos encolher e acabam por aumentar nossa vontade de crescer, crescer rápido.

Recordações... Para quem as viveu, é um prazer relembrar, e, para as novas gerações, um prazer conhecer, assim como visitar uma cidade histórica ou folhear o álbum de fotografias de família. No meu caso, vivi de perto, junto com meus irmãos, a experiência de uma infância longa e demorada, sem ter o tamanho suficiente para alcançar os nossos sonhos... Mas foi também, muitas vezes, uma infância divertida, ingênua, pura e simples.

Ilustrar este livro foi para mim um prazer saudosista e esperançoso, por ter podido resgatar um tempo que passou, transformando-o num sentimento permanente, em saudade desenhada, impressa e colorida.

Cláudia Jussan

Esta obra foi composta com a tipografia
Electra e impressa em papel couché fosco 150 g/m²
na Formato Artes Gráficas.